# ¿DELFÍN O MARSOPA?

Por Rob Ryndak

Traducido por Alberto Jiménez

Gareth Stevens
PUBLISHING

Please visit our website, www.garethstevens.com. For a free color catalog of all our high-quality books, call toll free 1-800-542-2595 or fax 1-877-542-2596.

**Library of Congress Cataloging-in-Publication Data**

Ryndak, Rob, author.
¿Delfín o marsopa? / Rob Ryndak, translated by Alberto Jiménez
      pages cm. — (Similares pero no iguales)
   Includes bibliographical references and index.
   ISBN 978-1-4824-3247-3 (pbk.)
   ISBN 978-1-4824-3252-7 (6 pack)
   ISBN 978-1-4824-3249-7 (library binding)
   1. Dolphins—Juvenile literature. 2. Porpoises—Juvenile literature. I. Title.
   QL737.C432R93 2016
   599.53—dc23

Published in 2016 by
**Gareth Stevens Publishing**
111 East 14th Street, Suite 349
New York, NY 10003

Designer: Sarah Liddell
Editor: Ryan Nagelhout and Nathalie Beullens-Maoi
Spanish Translation: Alberto Jiménez

Photo credits: Cover, p. 1 (background) Pakhnyushchy/Shutterstock.com; cover, pp. 1 (dolphin), 7 (dolphin), 19 (dolphin), 21 Ricardo Canino/Shutterstock.com; cover, p. 1 (porpoise) Jan Zoetekouw/ Shutterstock.com; pp. 5, 13 (dolphin) Willyam Bradberry/Shutterstock.com; p. 7 (porpoise) © iStockphoto.com/BrendanHunter; p. 7 (whale) Joost van Uffelen/Shutterstock.com; p. 9 (bottlenose dolphin) Action Sports Photography/Shutterstock.com; p. 9 (Amazon River dolphin) guentermanaus/ Shutterstock.com; p. 9 (Dalls porpoise) Daniel A. Leifheit/Moment/Getty Images; p. 9 (finless porpoise) The Asahi Shimbun/Contributor/Getty Images; p. 11 (dolphin) VladGavriloff/Shutterstock.com; p. 11 (porpoise) PETER PARKS/Staff/AFP/Getty Images; p. 13 (porpoise) China Photos/Stringer/ Getty Images News/Getty Images; p. 15 (dolphin) ChameleonsEye/Shutterstock.com; p. 15 (porpoise) Mark Caunt/Shutterstock.com; p. 17 Serge Vero/Shutterstock.com; p. 18 Potapov Alexander/ Shutterstock.com; p. 19 (porpoise) Visuals Unlimited, Inc./Solvin Zankl/Visuals Unlimited/Getty Images.

Printed in the United States of America

CPSIA compliance information: Batch #CS15GS: For further information contact Gareth Stevens, New York, New York at 1-800-542-2595.

# CONTENIDO

Las palabras del glosario se muestran en **negrita**
la primera vez que aparecen en el texto.

# Haciendo olas

Un animal grisáceo sale de un salto de la superficie del océano, salpicando agua por todas partes con sus amigos, que han emergido con él. Es demasiado pequeño para ser una ballena: ¿Será un delfín? ¡Tal vez sea una marsopa! Si te cuesta diferenciarlos, continua leyendo y aprenderás a reconocer las diferencias.

5

Los delfines, las marsopas y las ballenas
son **mamíferos** marinos pertenecientes
al grupo animal de los cetáceos.
La palabra cetáceo, que deriva del
griego *Cetacea* significa "criatura
marina de gran tamaño". Los delfines
y las marsopas son de tamaño y forma
muy semejantes, y muchos se comportan
de igual manera en el océano.

**DELFÍN**

**MARSOPA**

**BALLENA**

7

# Asuntos de familia

Hay más de 30 especies —o tipos— distintos de delfines, que pertenecen a una familia animal llamada *Delphinidae*. Las marsopas cuentan con seis especies diferentes incluidas en una familia animal llamada *Phocoenidae*. Aunque parecen similares, ¡los científicos dicen que compararlas es como equiparar gatos y perros!

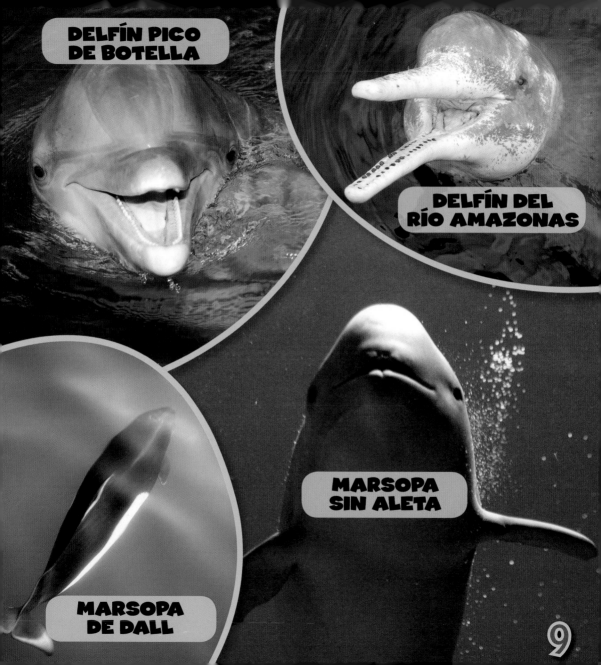

DELFÍN PICO
DE BOTELLA

DELFÍN DEL
RÍO AMAZONAS

MARSOPA
SIN ALETA

MARSOPA
DE DALL

9

# Todo sobre los dientes

¡Si puedes echar una mirada al interior de sus bocas, el mejor modo de distinguir una marsopa de un delfín es por sus dientes! Los dientes de los delfines son cónicos, mientras que las marsopas tienen dientes más o menos aplanados, en forma de pala.

MARSOPA

DELFÍN

11

¿Cómo diferencias estos mamíferos cuando no muestran los dientes? La forma de su cabeza es otro indicio: los delfines tienen hocicos más largos y grandes que las marsopas. Además los cuerpos de los delfines son esbeltos, mientras que las marsopas son más redondeadas.

DELFÍN

MARSOPA

13

# Aletas dorsales

Las aletas son importantes para los delfines y las marsopas. La aleta dorsal, localizada en el lomo, es ligeramente distinta en los dos grupos: en las marsopas suele ser triangular mientras que en los delfines es más curva, en forma de gancho.

ALETA DORSAL
DE LA MARSOPA

ALETA DORSAL
DEL DELFÍN

15

# Charlatanes

¡A los delfines les encanta hablar entre sí! Producen sonidos y chasquidos con su **orificio nasal** que podemos oír. Los científicos dicen que los delfines son más habladores que las marsopas, pero las marsopas hacen unos ruidos tan agudos que no son perceptibles por el oído humano.

ORIFICIO NASAL

17

# Cabezas de melón

Los delfines y las marsopas tienen en su frente una prominencia llamada melón. Les ayuda a generar ondas de **ultrasonido**. Estas ondas rebotan en los objetos en el agua y permiten que tanto los delfines como las marsopas puedan orientarse mejor en el océano.

MELÓN

**DELFÍN**

**MARSOPA**

# ¿CÓMO PUEDES DIFERENCIARLOS?

| ANIMAL | DELFÍN | MARSOPA |
|---|---|---|
| **FAMILIA** | *Delphinidae* | *Phocoenidae* |
| **NÚMERO DE ESPECIES** | más de 30 | 6 |
| **HOCICO** | largo, grande | corto, pequeño |
| **CUERPO** | esbelto | redondeado |
| **ALETAS DORSALES** | curva en forma de gancho | triangular |
| **DIENTES** | en forma de cono | aplanados, en forma de pala |
| **RUIDOS** | más "habladores" | menos o nada "habladores" |

19

# ¡Atención!

Los delfines y las marsopas son animales muy inteligentes con grandes cerebros. **Investigan** cualquier cosa con la que no estén familiarizados en su **hábitat**, así que ten cuidado cuando nades en el océano: ¡no querrás lastimar a alguno de estos asombrosos animales!

# GLOSARIO

**hábitat:** el medio natural donde vive un animal o una planta

**investigar:** estudiar algo a fondo

**mamífero:** animal de sangre caliente con espina dorsal, que respira aire con sus pulmones, y que amamanta a sus crías

**orificio nasal:** orificio en la parte superior de la cabeza de los delfines (o de otros animales marinos) gracias al cual pueden respirar

**ultrasonido:** ondas sonoras utilizadas para detectar objetos en el agua y moverse con seguridad en ella

# MÁS INFORMACIÓN

## LIBROS

Clark, Willow. *Asian Dolphins and Other Marine Animals.* New York, NY: PowerKids Press, 2013.

Shaskan, Trisha Speed. *What's the Difference Between a Dolphin and a Porpoise?* Mankato, MN: Picture Window Books, 2011.

Silverman, Buffy. *Can You Tell a Dolphin from a Porpoise?* Minneapolis, MN: Lerner Publications, 2012.

## SITIOS DE INTERNET

**Delfines y marsopas**
*worldwildlife.org/species/dolphins-and-porpoises*
Aumenta tu conocimiento de estos animales y cómo puedes contribuir a mantenerlos a salvo.

**¿Cuáles son las diferencias entre delfines y marsopas?**
*oceanservice.noaa.gov/facts/dolphin_porpoise.html*
Este sitio web NOAA te ofrece más formas de distinguir unos de otros.

# ÍNDICE